Diskriminierung und die Reproduktion von Vorurteilen auf Tik-Tok

Luisa Schneider

Bibliografische Information der Deutschen Nationalbibliothek:

Die Deutsche Nationalbibliothek verzeichnet diese Publikation in der Deutschen Nationalbibliografie; detaillierte bibliografische Daten sind im Internet über http://dnb.d-nb.de abrufbar.

ISBN: 9783346559289
Dieses Buch ist auch als E-Book erhältlich.

Hausarbeit

Diskriminierung und die Reproduktion von Vorurteilen auf dem internationalen Videoportal Tik-Tok

Seminar: Diskriminierung und Vorurteile in den Medien , WiSe 2020/2021

Studienfach: Pädagogik (HF), Sonderpädagogik (HF), Studiensemester 7

Abgabedatum: 22.02.2021

Inhaltsverzeichnis

1. Einleitung

Täglich tritt der Mensch in Kontakt mit der Welt. Dabei wird Bekanntes im Alltag zwar wahrgenommen, jedoch ist das Bekannte schon lang kein spannendes oder irritierendes Ereignis mehr. Wird jedoch plötzlich etwas Fremdes entdeckt, hält die eigene Welt kurz inne. Die innere Welt, die, die Situationen zu analysieren und integrieren versucht. Das Fremde erscheint im ersten Moment möglicherweise seltsam. Diese Schwelle wird allein mit Primärerfahrungen, in welchen der Mensch dem Fremden einen Schritt näherkommt um zu versuchen, es zu erkennen und zu verstehen, überschritten.

Heute lebt der Mensch neben der äußeren, erfahrbaren bunten Welt und seiner inneren Gefühlswelt noch in einer weiteren. Er lebt in einer medialen Welt, in welcher er sehr gerne Zeit verbringt. Hier macht er keine Primärerfahrungen mit dem Fremden, er entdeckt es lediglich durch einen Bildschirm. Autor*innen sind sich sicher, dass durch diesen Mangel an Primärerfahrungen Vorurteile entstehen (vgl. Meltzer 2019, S. 11 ff.).

Im Rahmen des Seminars wurde der Frage nachgegangen, wie gesellschaftliche Minderheiten in den Medien dargestellt werden. Dabei wurde das Augenmerk nicht nur auf die Häufigkeit der Darstellung gelegt, sondern insbesondere auf Stereotypen und die Reproduktion von Klischees. Im Zuge dessen wurde persönliche Recherchearbeit geleistet zu dem Thema Diskriminierung und Vorurteile auf dem internationalen Videoportal Tik-Tok. Es wurde sich für diese mediale Plattform entschieden, da Tik-Tok eine enorme Bedeutung für Kinder und Jugendliche besitzt. Laut dem Verband Privater Medien liegt Tik-Tok bei 11-13-Jährigen in der Beliebtheit auf dem zweiten Rang der meistgenutzten Video-Apps (vgl. VAUNET 2020), was die Relevanz für eine Auseinandersetzung betont. Die Fragestellung dieser Arbeit lautet somit: *Finden auf dem internationalen Videoportal Tik-Tok Diskriminierung und die Reproduktion von Vorurteilen statt?*

Um dieser Fragestellung nachzugehen, werden in Kapitel zwei die Rechercheergebnisse zum Thema vorgestellt und anschließend bewertet, bevor die Beantwortung der Fragestellung erfolgt. Um die Arbeit in den Rahmen des Seminars einzubetten und somit abzuschließen, erfolgt in Kapitel drei eine persönliche Reflexion über Denkprozesse vor, während und nach dem Seminar.

2. Rechercheergebnisse zum Thema Diskriminierung und Vorurteile auf Tik-Tok

Die Recherche auf dem Videoportal Tik-Tok vollzog sich über mehrere Tage, in welchen die App stetig neu geöffnet und somit neue Videos geladen wurden. Untersucht wurden, wie bereits beschrieben, beliebte Tik-Tok Videos auf die Reproduktion von Stereotypen und Diskriminierung. Dabei wurden Videos, welche bei Tik-Tok automatisiert auf dem persönlichen Feed abgespielt werden und wiederkehrende Charakteristika aufwiesen, mit einem Herz markiert und somit gespeichert. Im Anschluss daran wurde konkret nach Videos unter Hashtags wie „jews vs. Muslims", „religion", „boys vs. girls", „black", gesucht. Zuletzt wurde das zusammengestellte board aus markierten Videos gesichtet und in die Kategorien *Reproduktion von Sexismus, Reproduktion von Rassismus, Reproduktion von Stereotypen über Religion* sowie *Reproduktion von Stereotypen über sexueller Orientierung und Beeinträchtigung* unterteilt. Zu betonen ist hierbei, dass dies lediglich aufgrund der Übersichtlichkeit dieser Reflexionsarbeit geschehen ist. Neben der Recherche auf der App selbst wurde im Internet nach aktuellen Diskussionspunkten um Tik-Tok gesucht. Die Rechercheergebnisse zu den genannten Kategorien werden im Folgenden dargelegt, bevor auf aktuelle öffentliche Kritik an Tik-Tok eingegangen wird. Daran anschließend erfolgt die Beantwortung der Fragestellung.

Es dauerte nicht lange, bis sich erste Muster bzw. Algorithmen in den im Feed angezeigten Kurzvideos wiedererkennen ließen. Auf Tik-Tok ist es scheinbar beliebt, an populären Trends teilzunehmen. Das bedeutet es gibt gewisse Trends, die mithilfe von Hashtags publik und auf der Home-Seite angezeigt werden. Um bei diesen mitzuwirken, imitiert man dann beispielsweise einen Tanz, einen Trick oder einen Commedy-Spot und benutzt den entsprechenden sound und den Hashtag dafür.

Der erste Trend, welcher mir ins Auge fällt, ist der „littlebankchallenge"-Hashtag. Der Text des sounds dazu lautet folgendermaßen: „I got a small waist, pretty face with a little bank". Little bank meint in diesem Sinne ein kleines Hinterteil. Es gibt außerdem Videos, die das Lied noch erweitern um die Strophe „but I have juicy perky natural titties, so that's okay". Sogut wie alle Videos, die sich unter #littlebankchallenge finden lassen, zeigen Frauen oder Mädchen, die sich an den entsprechenden Stellen des songs an die jeweiligen Körperteile fassen beziehungsweise diese in die Kamera platzieren. In den

Kommentaren finden sich (übersetzt) Phrasen wie „Mädchen, du bist abgenutzt". Selbstverständlich sind alle Frauen unterschiedlich gekleidet, es ist jedoch zu beobachten, dass die meisten von ihnen eher knappe Kleidung tragen und einen tiefen Ausschnitt zeigen. Einige Frauen tragen lediglich Unterwäsche. Da zu diesem Zeitpunkt schon einige Videos aus der populären Kategorie für diese Recherche favorisiert wurden, zeigt Tik-Tok meist weitere Videos von jungen Frauen bzw. Mädchen an. Eines davon handelt beispielsweise von zwei Frauen, die in kurzen Shorts die Hinterteile in die Kamera halten und lasziv tanzen.

Anschließend daran taucht ein Video auf, in welchem ein junger Mann beschreibt, er habe Tik-Tok gehackt und den Algorithmus so manipuliert, dass nur Frauen mit einem großen Hinterteil diesen Clip sehen könnten. Darunter steht übersetzt geschrieben: Kein Hashtag. Wenn du das also sehen kannst, hast du einen großen Hintern.

Es ist als diskriminierend anzusehen, wenn, egal von welchem Geschlecht, betont wird, dass lediglich Frauen mit gewissen körperlichen Vorzügen bestimmte Inhalte auf Plattformen sehen sollten. Außerdem reproduzieren die oben beschriebenen Videos deutlich die Sexualisierung von Frauen, indem auf Körperlichkeiten, insbesondere auf intime Kör-perteile wie Brüste und das Hinterteil, reduziert wird. Dies geschieht oft durch die Ak-teur*innen selbst, beispielsweise durch Tanzen, die gewählte knappe Bekleidung, das Anfassen der intimen Körperteile beziehungsweise ein konkretes verbales Adressieren. In den Kommentaren wird ebenfalls sexuell diskriminiert, indem User*innen offensiv und mit meist vulgären Ausdrücken auf die körperlichen Merkmale der Frauen eingehen. Dies alles reproduziert das Stereotyp der Frau als Sexobjekt, die es gernhat, wenn man sie für ihren Körper bewundert oder begehrt und dies auch ausspricht.

Die Recherche ergab außerdem auch Videos über verschiedene Stereotypen von Nationalitäten bzw. Ethnien. Die Ergebnisse zu diesem Feld der Recherche sollen im Folgenden dargelegt werden.

Das erste besonders auffällige Video zeigt einen Mann mit dunkler Hautfarbe, der spärlich bekleidet ist und mit einer großen Menge Staub oder Dreck bedeckt. Er ist gerade dabei, ein Stück Schokolade zu essen. Er spricht in dem Video nicht, sondern scheint die Schokolade lediglich zu genießen. Hinterlegt ist der Clip mit einer traurig oder verträumt wirkenden Musik. Der User gibt keine weiteren Auskünfte über den Mann, seiner Situation, dem Ort, dem zeitlichen Kontext bzw. dem situativen Kontext, in welchem das Video entstanden ist. Demnach haben die User*innen kein Wissen über die Situation des Mannes bzw. die Situation im Video. Trotzdem werden in den Kommentaren stereotype Aussagen über den Mann getroffen, indem aufgeführt wird, „die" würden die Schokolade herstellen, wissen jedoch gar nicht, wie fertige Schokolade schmecke. Einige User*innen bekräftigen auch, dass der Mann ihnen leid tue. Bemerkenswert sind zudem Kommentare, welche auf das äußere Erscheinungsbild des Mannes eingehen. Häufig wird davon geschrieben, wie schön der Mann im Video sei und dass er „hier" mit Sicherheit Model werden würde.

Dieses Beispiel zeigt auf mehreren Ebenen Rassismus bzw. die Reproduktion von Stereotypen bezüglich Ethnien. In dem Video wird eine Person, die eine andere Hautfarbe hat, kontextlos und kommentarlos verwendet, um Mitleid zu erzeugen und somit eine hohe Anzahl an views zu erhalten. In den Kommentaren werden willkürlich mutmaßliche Aussagen über diese Personen und ihre (schlechte/bedauernswerte) Situation getroffen. Es wird, auf bloßer Basis des äußeren Erscheinungsbildes des Mannes und dem Fakt, dass er ein Stück Schokolade isst, generalisiert behauptet, „die" würden die Schokolade herstellen und sind auf der anderen Seite so arm, dass sie sich es nicht selbst kaufen können. Dies ist als Diskriminierung anzusehen.

Ein weiterer Kurzfilm zeigt einen Mann, der sich in die Rolle eines asiatischen Restaurantbetreibers begibt. In der Beschreibung des Videos steht geschrieben: „my best friends chinese.. dont @ me *lachsmiley*". Das bedeutet so viel wie: Verurteilt mich nicht oder gebt mir keinen Ärger für meinen Clip, mein*e beste*r Freund*in ist chinesisch. Im Rollenspiel nimmt der junge Mann eine Bestellung auf, wobei er nicht wirklich chinesisch spricht, sondern offensichtlichen Kauderwelsch. Die Szene wirkt affektiert und zeigt eine deutlich übertriebene Darstellung der chinesischen Verhaltensweisen. Somit werden stereotype Verhaltensweisen chinesischer Menschen unter dem Deckmantel von „comedy" und dem Fakt, dass er ein*e Freund*in hat, welche*r chinesisch ist, reproduziert. Die persönliche Einschätzung, ob auf Plattformen wie Tik-Tok überhaupt comedy stattfinden kann, soll in Kapitel drei kurz beleuchtet werden.

Videos, welche Stereotypen bezüglich Religion reproduzieren, wurden ebenfalls zu genüge gefunden. Beispielhaft zu nennen sind zwei Videos über jüdische Menschen. Im ersten Clip wird ein Song über stereotype jüdischen Verhaltensweisen aufgeführt, wobei die Akteure stereotype Kleider, Accessoires sowie Perücken tragen. Das zweite Video zeigt die Reaktion eines Akteurs, welcher ebenfalls mit jüdischer Kleidung kostümiert ist, wenn dieser eine Geldmünze sieht. Dabei rennt er schreiend auf die Geldmünze zu und möchte sie haben. Das Stereotyp zu reproduzieren, dass jüdische Menschen besessen nach Geld sind, ist nicht zuletzt vor dem Hintergrund des Holocaust moralisch höchst verwerflich. Der Song, seine übertriebene Aufmachung inklusive der jüdischen Kostümierung ist ebenfalls diskriminierend, da er stereotype äußere Merkmale von Menschen jüdischer Orientierung reproduziert.

Zuletzt sollen noch die Ergebnisse dargelegt werden, die im Zuge der Recherche bezüglich der Reproduktion über Stereotypen bezüglich sexueller Orientierung sowie Beein-trächtigungen gefunden wurden. Dazu muss gesagt werden, dass Videos, welche in dieses Profil passen, lediglich über Hashtags wie „LGBTQ" oder „disorder" identifiziert und nicht im persönlichen Feed angezeigt wurden. Eine potenzielle Erklärung dafür soll spä-ter in Kapitel 3.2 noch gegeben werden.

Unter dem Hashtag „LGBTQ" fande sich beispielsweise ein Video, in welchen ein Junge die Aussage trifft, dass Kinder mit einer anderen sexuellen Orientierung als der Hetero-sexualität, ihre Eltern sowieso schon enttäuschen, egal was sie machen. Das Video ist mit dem Hashtag „comedy" versehen, soll also witzig gemeint sein. Es ist als diskriminierend anzusehen, davon auszugehen, dass jedes Kind seine Eltern enttäuscht, wenn es eine andere sexuelle Orientierung hat. Im Allgemeinen ist es zu betonen, dass eine Generalisierung von Personengruppe, wie es das Video intendiert, grund-sätzlich diskriminierend ist.

Bezüglich der Reproduktion von Stereotypen zu Beeinträchtigungen fand sich unter dem Hashtag „Narzissmus" ein Video eines vermeintlichen Arztes, welcher sich auf Tik-Tok „datedoktor" nennt. Hier beschreibt er in 30 Sekunden, ob man als „Borderliner" eine Chance hat, von einem „Narzissten" „wegzukommen", wenn man eine romantische Be-ziehung miteinander führt.

Hierbei ist auffällig, dass von Seiten des produzierenden Users keinerlei Reflexion über Begrifflichkeiten erfolgt. Es scheint, als ob er die Bezeichnungen „Narzisst" oder „Borderliner" ganz willkürlich verwendet, ohne sich darüber bewusst zu sein, dass Be-grifflichkeiten bei (psychischen) Beeinträchtigungen eine große Bedeutung zukommen. Eine Möglichkeit der Bezeichnung wäre „Mensch mit narzisstischer Persönlichkeitsstö-rung", da hier deutlich gemacht wird, dass es sich um eine Krankheit und keine willkür-liche Charaktereigenschaft handelt, wie es im Video des Users den Anschein erweckt. Des Weiteren ist zu betonen, dass solch ein Video den Anschein erweckt, man könne für Menschen mit psychischer Beeinträchtigung in 30 Sekunden erklären, wie sie ihr Leben „erfolgreicher" führen können bzw. „gesünder" handeln können. Der Mann gibt hierbei Ratschläge wie beispielsweise, dass es wichtig sei, hart zu bleiben und nicht zum „Nar-zissten" zurück zu kehren, auch wenn dieser reizvolle Angebote mache, die einem „Borderliner" ganz besonders schmeicheln. Ganz außer Acht lässt er hierbei, dass Men-schen mit narzisstischer- oder borderliner Persönlichkeitsstörung nicht einfach so nach Ratschlägen agieren können, denn es handelt sich dabei um psychische Erkrankungen beziehungsweise Persönlichkeitsstörungen. Scheinbar selbstverständlich reproduziert der „datedoktor" damit das Stereotyp von Menschen mit psychischen Beeinträchtigungen, dass es sich um keine Krankheit, sondern willkürlich steuerbare oder ablegbare Charak-tereigenschaften handele. Mit der gleichzeitigen Generalisierung der gesamten Personen-gruppe stellt dies eine Diskriminierung ihrer dar. Weder in den Kommentaren, noch in der Beschreibung des Videos gibt der User Auskunft über weitere Informationsquellen oder Hilfeangebote für Betroffene.

Bevor die Fragestellung umfassend beantwortet werden kann, soll im Folgenden noch auf aktuelle öffentliche Kritikpunkte an Tik-Tok eingegangen werden. Wichtig dafür ist zu verstehen, wie Tik-Tok agiert. Die App funktioniert nach einem „Shadow-Ban-System" (Park 2019) was bedeutet, dass die Moderator*innen, statt unliebsame Inhalte zu löschen, dafür sorgen, dass diese zwar bei den Produzierenden selbst im Feed auftauchen, jedoch nur begrenzt bei anderen User*innen. Das Ziel dabei ist, laut Tik-Tok, eine „angenehme user-experience" (Park 2019). Im Rahmen von Recherchen erhielt Netzpolitik.org 2019 Einblick in interne Moderationsregeln von Tik-Tok. Das Ergebnis war folgendes: Für Menschen mit sichtbaren Behinderungen/Entstellungen, übergewichtige Menschen und Menschen nicht-heterosexueller Orientierung gibt es auf Tik-Tok Obergrenzen. Das bedeutet, es werden nur begrenzt Inhalte von diesen sogenannten „besonderen Nutzer*innen" angezeigt (vgl. Köver/ Reuter 2019). Dies alles geschieht unter dem Vorwand, dass User*innen, die „Hochgradig verwundbar für Cyberbullying sind" (Köver/ Reuter 2019), vor Mobbing geschützt werden.

Um nun die Fragestellung aufzugreifen, ob auf dem internationalen Videoportal Tik-Tok Diskriminierung und die Reproduktion von Vorurteilen stattfinden, lässt sich aus der vorangegangenen Recherchearbeit folgendes festhalten: Auf Tik-Tok finden deutlich Diskriminierung und die Reproduktion von Vorurteilen statt. Die vorangegangenen Ausführungen haben gezeigt, dass das Stereotyp der Frau als Sexobjekt reproduziert wird, Menschen anderer Ethnien als Objekt für mehr Videoklicks benutzt werden, Vorurteile von Menschen, welchen bestimmten Religionen angehören reproduziert werden, Generalisierung von Personengruppen wie Menschen mit sexueller Orientierung oder Beeinträchtigungen stattfindet sowie diskriminierende und unreflektierte Begrifflichkeiten für verschiedene Gruppen verwendet werden. Eine generelle Reduzierung auf Äußerlichkeiten bekräftigt die Aussage, dass auf Tik-Tok Diskriminierung stattfindet, wenn Menschen nicht in dieses Idealbild passen. Der Fakt der Diskriminierung von Personengruppen durch die Plattform selbst bildet eine weitere Evidenz für diese Aussage. Obergrenzen für Inhalte von Personengruppen zu setzen, stellt keinen Schutz vor Mobbing, sondern eine Segregation und Diskriminierung von vermeintlicher Andersartigkeit dar. Als besonders perfide zu bewerten ist diese Vorgehensweise vor dem Hintergrund des Ziels einer "angenehmen user-experience". Dies impliziert, dass die virtuelle Begegnung von Menschen, beispielsweise mit Behinderungen, unangenehme Erfahrungen darstellen. Dies ist als höchst diskriminierend anzusehen.

Schutz vor Mobbing findet nicht durch Segregation oder Zensur statt, sondern durch Aufklärung. Diesen Anspruch sollte Tik-Tok nicht nur an die Videos haben, die in dieser Recherchearbeit aufgezeigt wurden, sondern für alle. Ideen hierfür sind Richtlinien für Begrifflichkeiten einzuführen, übertriebene Reproduktion von Stereotypen zu markieren oder die Pflicht einzuführen, weitere Informationsquellen zu diversen Themen anzugeben. Eine generelle Forderung nach der Kennzeichnung von FSK 18 Inhalten sowie trigger-warnings ist ausdrücklich zu wünschen. Während der Recherche wurden etliche gewaltvolle Videos entdeckt, auch im Hinblick auf Tiere. Egal ob junge Menschen, ältere Menschen, emotional stabile oder instabile – Tik-Toks Anspruch muss es sein, seine User*innen vor solchen Inhalten zu schützen, adäquat über Themen und Personengruppen aufzuklären und keine von ihnen zu diskriminieren oder zur Reproduktion von Vorurteilen über sie beizutragen.

3. Persönliche Reflexion über Denkprozesse im Rahmen des Seminars

Bei der Recherchearbeit vor dem Seminar stellte sich ab einem gewissen Punkt, vor allem nach etlichen „comedy"-Hashtags, folgende Frage: Was darf „Humor" bzw. "comedy", vor Allem auf einer Plattform wie Tik-Tok mit seiner jungen und mutmaßlich eher unerfahrenen/unreflektierten Zielgruppe?

Persönlich empfinde ich Comedy, vor allem wenn es sich um stand-up comedy handelt, als sehr gute Möglichkeit, Menschen mit aktuellen, auch brenzlichen Themen, zu konfrontieren. Lachen impliziert nicht immer nur, dass etwas als witzig empfunden oder dem Agierenden zugestimmt wird, es kann auch ein Ausdruck von Empörung oder Irritation sein. Mit Irritationen konfrontiert zu sein bedeutet für mich, dass damit ein Reflexionsprozess angestoßen wird. So kann beispielsweise auch die **reflexive** und **konkret intendierte** Reproduktion von Vorurteilen im Rahmen einer comedy-Show reflexive Momente nach sich ziehen, die Menschen zur Veränderung ihres Weltverständnisses bewegen können.

Persönlich denke ich jedoch nicht, dass dies auf der Plattform Tik-Tok möglich ist. Mehrere Aspekte bewegen mich zu dieser Aussage – zum einen denke ich, dass diese Art von Kunst nicht in 15 bzw. 30 Sekunden zu bewerkstelligen ist, vor allem, da comedy-Videos einfach so zwischen Videos anderer Genres abgespielt werden. So erfolgt weder eine gedankliche Einstellung auf noch eine Heranführung an das Thema, wenn der/die Rezipient*in beispielsweise gerade erst eine knapp bekleidete Frau gesehen hat. Des Weiteren handelt es sich bei Tik-Tok User*innen oft um sehr junge Menschen, die die Intention einer Reflexion bei den Zuschauer*innen, wenn es denn diese Intention auf Tik-Tok überhaupt gibt, möglicherweise noch nicht verstehen können. Zuletzt ist meine persönliche Einschätzung nach der Recherche, dass der Großteil aller Videos, vor allem, mit dem Hashtag „comedy", unreflektiert und ohne die Intention einer Bewusstseinsänderung beim Rezipierenden sind, der bloßen Unterhaltung dienen und keinen aufklärerischen Charakter besitzen.

Vor allem der Aspekt der diskriminierenden Sprache hat während, sowie auch nach dem Seminar weitere persönliche Denkprozesse angestoßen. Besonders einschneidend war dafür der Text über rassistische Bezeichnungen in Kinder- und Jugendbüchern. Daraus habe ich mitgenommen, dass Aussagen, wenn sie auch nur eine Person einer Gruppe verletzen, diskriminierend sind und aufgrund der Mannigfaltigkeit unseres Sprachschatzes in jedem Fall auf rassistische Bezeichnungen verzichtet werden muss.

Unsere eigene Mediensozialisation zu reflektieren war ebenfalls ein spannender Prozess, über den ich mich auch nach dem Seminar noch mit meiner Mutter ausgetauscht habe und wir daraufhin weitere Beispiele für Diskriminierung in jenen Medien, die ich konsumiert habe, gefunden haben. Sie möchte sich nun mit dem Thema „vorurteilsbewusstes Vorlesen" beschäftigen, um dies bei ihren Enkelkindern zu beachten.

Bemerkenswert war, wie diskussionsreich das Seminar gestaltet wurde. Durch alle geführten Diskussionen sowie die vorgestellten Präsentationen zu den Recherchethemen kann ich behaupten, dass ich von jeder einzelnen teilnehmenden Person etwas gelernt habe und somit einen Schritt weiter gekommen bin in der Entwicklung hin zu einem vorurteilsbewussten Menschen, der Vielfältigkeit wertschätzt, einen Blick für Ungerechtigkeit hat und die Stimme gegen sie erhebt.

Literaturverzeichnis

Köver, C./ Reuter, M. (2019): Diskriminierende Moderationsregeln. TikToks Ober-
grenze für Behinderungen. Empfangen am 13.01.2021 von: https://netzpoli-
tik.org/2019/tiktoks-obergrenze-fuer-behinderungen/

Meltzer, C. E. (2019): Kultivierungsforschung. Baden-Baden: Nomos Verlagsgesell-
schaft.

Park, E. (2019): Tiktok, tiktok, die Uhr ist abgelaufen. Löscht den Mist. Empfangen
am 13.01.2021 von: https://t3n.de/news/tiktok-tiktok-uhr-abgelaufen-1230086/

Tik-Tok. Empfangen am 12.01.2021 von: https://www.tiktok.com/de-DE/

VAUNET – Verband Privater Medien e. V. (2020): Mediennutzung. Fast alle Kinder
und Jugendliche in Deutschland nutzen Bewegtbild. Empfangen am 05.01.2020 von:
https://www.vau.net/mediennutzung/content/fast-alle-kinder-jugendliche-deutschland-
nutzen-bewegtbild